AF336430

NOTE.

ACQ.
HENNEQUIN

UNE CONSPIRATION est une chose si grave, que l'on ne peut assez s'étonner que le gouvernement en prostitue le cri et l'allarme aussi facilement. Lorsqu'on a lu ce cahier qu'il fait distribuer sous le titre de *PIÈCES relatives à la conspiration découverte le 12 pluviôse, tendante au renversement du gouvernement républicain et au rétablissement de la royauté*, on cherche par-tout où est donc ce *renversement du gouvernement républicain*. On n'apperçoit, au travers du fatras qui encombre les véritables pièces, que des *IDÉES* dont la base conditionnelle repose sur la supposition d'un *renversement*, sans même en admettre la possibilité, autrement que dans l'effet éventuel des menaces et des complots réels des *JACOBINS*.

Une société d'hommes, amis de la paix, frappée de cette remarque, a cru essentiel à la tranquillité du public, de réunir sous ses yeux les pièces fondamentales de ce qu'on appelle la *Conspiration royaliste*, en sorte que la réunion de ces pièces opère naturellement celle des idées qu'elles renferment, et véritablement on ne peut lire ces pièces toutes seules sans s'identifier avec l'intention qui les a produites, et il ne reste plus de conspiration. Il doit en résulter que le citoyen, d'abord effrayé par les craintes apparentes du gouvernement, doit calmer et rasseoir ses craintes, et finir par reconnoître ; « qu'il est plus qu'évident qu'une faction intéressée à
» occuper le public par des divagations de cette nature, a seule imaginé
» cet appareil fantastique, dans l'espoir de parvenir plus facilement à le
» subjuguer par des allarmes qui, heureusement, ne sont que mensongères
» et purement illusoires ».

BUREAU CENTRAL DU CANTON DE PARIS.

Paris, le 12 pluviôse, an 5 de la République française.

NOUS, administrateurs du bureau central, avons fait extraire de la chambre du dépôt, et comparoître pardevant nous un individu y consigné, ayant été arrêté et conduit audit bureau en vertu de notre réquisition du 11 pluviôse présent mois, et du procès-verbal dressé en conséquence par le commissaire de police de la division du Pont-Neuf, le même jour ; lequel individu nous a paru âgé d'environ cinquante ans, avoir le front large, les cheveux et sourcils châtains, les yeux bleus, le nez long et écrasé, la bouche ordinaire, le menton rond, le visage plein et coloré, et l'avons interrogé ainsi qu'il suit :

D. Vos noms, prénoms, âge, pays de naissance, demeure et profession ?

R. Charles-Honorine Berthelot de la Villeurnoy, âgé de quarante-sept ans, natif de Toulon, département du Var, ci-devant maître-des-requêtes, à présent sans état, demeurant à Paris, rue Culture Sainte-Catherine, n°. 520, division de l'Indivisibilité.

A

D. En quel endroit avez-vous été arrêté?

R. A l'École Militaire.

D. A quelle heure ?

R. A onze heures du matin , le jour d'hier.

D. Pourquoi y étiez-vous venu?

R. Pour y faire une visite au citoyen Malo, qui m'avoit fait prier d'y venir.

D. Quelle étoit la nature d'affaire qui avoit déterminé le citoyen Malo à vous donner ce rendez-vous, et l'avez-vous trouvé à l'École Militaire?

R. J'y ai trouvé le citoyen Malo; je suis resté chez lui environ une demi-heure.

D. Savez-vous pour quels motifs vous avez été arrêté?

R. Je sais qu'on m'a lu le mandat d'amener en vertu duquel j'ai été mis en arrestation; mais je ne m'en rappelle pas les causes.

D. Lors de votre arrestation, a-t-on saisi sur vous quelques papiers ?

R. Oui, citoyen, on en a saisi une certaine quantité que j'ai signés, et que je reconnoîtrai quand on me les représentera.

D. Reconnoissez-vous la première pièce que nous vous représentons contenant quatre pages, commençant par ces mots : *Poser des corps-de-garde de gens sûrs à toutes les barrières;* et finissant par ceux-ci : *Pour les puissances étrangères;* portant en tête n°. premier, signée de la Villeurnoy, et paraphée du B., pour être l'une de celles dont vous avez été trouvé porteur?

R. Oui, citoyen, je la reconnois pour être identiquement la même qui a été saisie sur moi à l'instant de mon arrestation.

D. Reconnoissez-vous également une seconde pièce numérotée deux, commençant au numéro quinze, et portant en tête ces mots : *Ordonner à tous les fournisseurs;* terminée par ces mots : *Ceux qu'on ne peut conserver sans danger?*

R. Je reconnois aussi cette pièce.

D. Reconnoissez-vous une troisième pièce numérotée trois, ayant pour titre : *Première Proclamation,* commençant par ces mots : *Louis,* etc. etc. *La Providence, toujours impénétrable dans ses décrets,* et finissant par ces expressions : *Apprécier le repentir et punir l'endurcissement?*

R. Je reconnois aussi cette pièce.

D. Reconnoissez-vous également une quatrième pièce, numérotée quatre, commençant par ces mots : *Faites garder avec honneur,* et finissant par ceux-ci : *D'envoyer sans délai à sa cour;* contenant trois lignes rayées, portant à inviter tous les sujets fidèles à faire passer aux agens du roi leurs notes?

R. Je reconnois cette pièce.

D. Reconnoissez-vous une troisième pièce numérotée cinq que nous vous représentons, datée du vingt-cinq janvier mil sept cent quatre-vingt-dix-sept, d'un endroit dont on a déchiré le morceau sur lequel étoit inscrit cet endroit, adressée à à *M. Etienne,* et commençant par ces mots : *Monsieur Çadet, que j'ai eu le plaisir de voir,* terminée par : *Il faut mettre : port payé jusqu'à Calais. Je vous salue de tout mon cœur. J. Leveu,* le nom de la souscription étant effacé de manière à ne pouvoir être lu ?

R. Je reconnois également cette pièce.

D. Reconnoissez-vous la pièce numéro six que nous vous représentons, commençant par ces mots : *Affaires Etrangères,* et terminée par ceux-ci : *Les royalistes n'attireroient pas notre confiance ?*

R, Oui, citoyens, je la reconnois.

D. Reconnoissez-vous une pièce numérotée sept, qui est une lettre datée de Calais, le vingt-trois janvier mil sept cent quatre-vingt-dix-sept, commençant par : *Je suis arrivé cette nuit;* finissant par ces mots : *Par conséquent il y aura toujours deux enveloppes;* les noms de la souscription également effacés ?

R. Je la reconnois.

D. Reconnoissez-vous la lettre numérotée huit que nous vous représentons, datée du vingt-quatre janvier mil sept cent quatre-vingt-dix-sept, sans indication de lieu, commençant par ces mots : *Ce n'est pas sans une satisfaction infinie;* terminant par ceux-ci : *Vous connoissez tous mes sentimens;* la souscription portant ces mots : *Au citoyen de la Villeurnoy ?*

R. Je reconnois cette lettre.

D. Reconnoissez-vous aussi la lettre numérotée huit *bis,* que nous vous représentons, sans date, ni indication de lieu, commençant par ces mots : *Que je m'en veux, mademoiselle!* terminant par ceux-ci : *Je ne vous les laisserai pas désirer;* la souscription : *A Mademoiselle, Mademoiselle More ?*

R. Je reconnois cette lettre.

D. Reconnoissez-vous une autre lettre numérotée neuf, datée du vingt-deux janvier mil sept cent quatre-vingt-dix-sept, commençant par ces mots : *J'ai reçu, mon cher ami,* et terminé par ceux-ci : *Adieu, mon cher ami;* au dos, une souscription effacée, au nom de Berthelot de la Villeurnoy, avec divers détails d'objets de ménage, et un échantillon de toile adapté au corps de la lettre ?

R. Je reconnois également cette pièce et l'échantillon.

D. Reconnoissez-vous une autre pièce numérotée dix, portant pour titre : Portrait de Louis XVI; commençant par ce vers,

Ce prince infortuné, qu'une sévère loi,

finissant par celui-ci,

S'il ne sut pas régner, au moins il sut mourir?

R. Je reconnois cette dernière pièce.

D. Voulez-vous nous dire, citoyen, quel a été l'objet de la première pièce que vous venez de reconnoître, quel en étoit le but, et dans quelles intentions a été conçu le plan qu'elle renferme?

R. Comme on parloit beaucoup de mouvemens jacobites et de ceux de la faction d'Orléans qui paroissoient se coaliser pour détruire le gouvernement actuellement existant en France, j'ai pensé que si ce bouleversement avoit lieu effectivement, l'anarchie qui le suivroit seroit pire encore que la commotion elle-même; en conséquence, que tous les bons Français devroient s'occuper, dans le silence, du moyen de substituer un gouvernement sage à celui qui ne subsisteroit plus, préparer et mûrir leurs idées en conséquence: c'est dans ces vues et d'après cette impulsion que j'ai essayé de réunir, dans un tableau général, les grandes masses de l'administration dont il seroit si essentiel de ne pas laisser briser les ressorts. J'observe que la rédaction de mes idées n'est pas un plan de contre-révolution, mais qu'elle part de l'instant où elle auroit lieu d'une manière quelconque.

D. La proclamation numérotée trois a-t-elle été conçue et rédigée par vous dans les mêmes principes?

R. Cette proclamation est un canevas de ce que je pense, et que je sens être la voie la plus sage, la plus douce, pour rallier autour de l'aîné des frères de Louis XVI, les Français, dans un moment où une faction quelconque seroit parvenue à changer le système actuel de gouvernement.

D. Il paroit cependant, d'après les pièces que nous venons de vous rappeler, qu'elles caractérisent un plan formé et combiné de manière que vos mesures étoient prises pour tâcher d'amener l'exécution de ce plan?

R. Les différentes idées que j'ai jettées sur le papier, sans liaison entre elles, m'ont été suggérées par une conversation que j'ai eue précédemment avec le citoyen Mal), chef de brigade du vingt-neuvième régiment de Dragons, caserné à l'École militaire, dans laquelle il me parla du danger qu'il y auroit de rester spectateur oisif et purement passif des mouvemens extrêmement alarmans de la faction des Jacobins, et de celle connue sous le nom du duc d'Orléans: il me dit que si le gouvernement actuel étoit détruit d'une manière ou d'une autre, la France seroit encore noyée de sang, saturée de crimes, et finiroit peut-être par tomber en dissolution, si des gouvernans, amis de leur patrie et ayant quelques idées d'administration, ne regardoient pas comme un devoir de jalonner au moins la route qu'il faudroit tenir pour substituer à l'instant même une machine administrative.

(5)

D. Avez-vous, citoyen, soumis ce plan au citoyen Malo ?

R. Hier, il m'avoit fait indiquer un rendez-vous pour lui communiquer les idées jetées sur le papier d'après notre première conversation, et elles n'étoient écrites que du matin même, et c'est hier matin que je les ai écrites à cinq heures.

D. Assurez-vous n'avoir vu le citoyen Malo que deux fois ?

R. J'assure positivement n'avoir vu le citoyen Malo que deux fois.

D. Comment, avec le talent que vous paroissez avoir, avez-vous pu confier un projet de cette importance à un homme que vous prétendez n'avoir vu que deux fois ?

R. La conduite tenue par le citoyen Malo, lors de l'attaque du camp de Grenelle, a dû nécessairement donner une haute idée de lui à tout ce qui n'étoit pas jacobin, et faire desirer des occasions de se rencontrer avec lui.

D. Pourquoi, dans l'article six de votre projet, numéroté premier, annoncez-vous le village de Vincennes comme fort bon, et qu'on peut compter sur ses habitans ?

R. Je réponds sur cet article comme sur la totalité de mon projet, que ce ne sont que des idées jetées en masse, qu'il auroit été nécessaire de dégrossir, de réformer, de resserrer ou d'étendre, et que tout ce qui paroît présenter des assertions relativement aux faits, n'est autre chose que ce que j'ai entendu dire dans le public, et que je n'ai jamais été moi-même rien vérifier sur les lieux.

D. Si vous n'avez jamais eu d'autre idée que de substituer, dans le cas de changement du gouvernement, un autre gouvernement, pourquoi l'article onze de votre projet est-il ainsi conçu : S'il échappe un des directeurs, et que la promesse de l'amnistie ne le ramène pas, mettre sa tête à prix, etc. ?

R. Ne pouvant et ne devant cesser de rappeler que mon canevas ne présentant que des masses à élaborer pour remplacer un gouvernement qui n'existeroit plus, il a fallu nécessairement prévoir le cas où quelque faction chercheroit à se faire un chef ; mais le mot *amnistie* énoncé dans cet article, et plus encore l'article dernier auquel je renvoie, prouvent évidemment qu'il n'entre point dans mon cœur d'attenter ni de conseiller d'attenter aux jours des gouvernans actuels.

D. Comment, n'ayant, dites-vous, que des intentions pures et non hostiles, avez-vous pu, dans l'article douze de votre plan, annoncer qu'il seroit bon de consigner les membres des deux conseils à la garde des propriétaires, principaux locataires et portiers de leurs domiciles jusqu'à nouvel ordre ? proposez-vous, comme un point essentiel, d'empêcher la réunion de ces membres, et de leur inspirer de la terreur.

A 3

R. La désunion existante malheureusement, non-seulement entre les deux conseils, mais dans l'intérieur même du conseil des cinq-cents, où les montagnards ont pris un ascendant fait pour effrayer les gens amis de l'ordre et de la paix, m'a fait penser qu'il seroit essentiel de trouver une mesure quelconque pour empêcher les effets terribles qui pourroient résulter de cette scission dans un moment d'explosion; il m'a paru qu'il ne seroit pas impossible de voir élever autel contre autel dans l'intérieur des conseils, et que la partie amie des mœurs plus qu'acerbes, n'en abusât pour plonger Paris dans la désolation; mon article douze n'a pas précisément pour but de déterminer impérieusement la mesure qu'il indique, mais de fixer particulièrement l'attention sur ce qu'il y auroit à faire en pareil cas. Quant au mot *terreur*, je n'ai entendu l'appliquer qu'à ceux entre les mains desquels elle a été une arme si terrible pour nous; et la preuve s'en tire d'une liste où, pour ne rien laisser à desirer, j'ai désigné différens sujets pour les différentes parties du ministère : or, on y voit que j'ai indiqué plusieurs membres des deux conseils, dont je déclare que je n'en ai jamais vu ni connu un seul, mais que je n'ai été déterminé que par la bonne réputation dont ils jouissent.

D. Quel est ce citoyen de Bar dont vous parlez dans l'article de votre plan numéroté vingt-six ?

R. J'ai connu, il y a environ vingt-trois à vingt-quatre ans, ce citoyen, major du guet à cheval, sous le citoyen de Roquemont, commandant de cette troupe; il jouissoit alors d'une très-bonne réputation, qu'il n'a pas perdue depuis : quoique je l'aie perdu de vue, il y a environ trois semaines que je l'ai vu citer dans les journaux comme ayant proposé au ministre de la police un plan relatif à l'organisation économique de la Garde de Paris. Je sais qu'il demeure à Paris, dans le fauxbourg Honoré ; mais j'ignore sa demeure précise.

D. Connoissez-vous particulièrement les individus désignés dans la pièce numérotée six que vous avez reconnue ci-dessus, et avez-vous des liaisons avec eux ?

R. Je ne les connois que de réputation.

D. Quel est le citoyen Etienne qui a reçu ou doit recevoir des lettres sous le couvert des citoyens Bertrand et la Chaussée, marchands de chevaux?

R. Le mot Etienne est un mot que l'on me donne dans certaines sociétés.

D. Quels sont les deux citoyens qui ont été arrêtés hier au même temps que vous?

R. L'un s'appelle Brotier, je le crois ecclésiastique ; mais j'ignore s'il est prêtre ou non, et l'autre se nomme Dunan ; je le crois négociant en épicerie.

D. Ces deux individus vous ont-ils accompagné chez le citoyen Malo dans les deux entrevues ?

R. Le citoyen Brotier étoit avec moi à ma première entrevue avec le citoyen Malo ; dans la première entrevue, et hier, les citoyens Dunan et Brotier, étoient également avec moi chez le citoyen Malo.

D. Ces deux citoyens sont sans doute instruits de votre projet et de tous ses détails ?

R. Le citoyen Brotier étant avec moi lors de la première entrevue que j'ai eue avec le citoyen Malo, a entendu comme moi, tout ce qu'il a dit et la promesse que j'ai faite de m'occuper des bases à poser pour le remplacement du gouvernement qui viendroit à être détruit.

D. Connaissez-vous le citoyen Labarrière, et quelle est sa qualité ? l'avez-vous vu plusieurs fois ?

R. Je connois ce citoyen, qui est chef de brigade, commandant de l'artillerie à l'École Militaire ; je l'ai vu deux ou trois fois, et je ne lui ai donné aucune connoissance de mes idées.

D. Ce n'est donc pas vous qui avez désigné le citoyen Labarrière comme devant être un instrument actif pour l'exécution de votre projet ?

R. Je n'ai aucune connoissance qu'il ait été indiqué comme devant avoir une part active à l'exécution de mon projet.

D. Reconnoissez-vous le paquet sous enveloppe que nous vous représentons, ainsi que le cachet du commissaire de police de la division du Muséum, et le vôtre portant pour empreinte une L, ledit paquet pour être le même que celui qui a été fait en votre présence au moment de la perquisition faite chez vous, et lesdits cachets pour être sains et entiers ?

R. Oui, citoyen, je reconnois les cachets sains et entiers, et le paquet pour être celui qui a été fait en ma présence chez moi au moment de la perquisition.

Ouverture faite dudit paquet, nous y avons trouvé les objets désignés dans le procès-verbal de perquisition dressé le onze de ce mois par le commissaire de police de la division du Muséum, lesquels consistent ; savoir, en une lettre écrite en italien, sous la date du vingt juin mil sept cent quatre-vingt-quinze (vieux style) ; un cahier formant quatre pages d'observations sur un seul passage du discours du député Lemerer, prononcé au conseil des cinq-cents le douze fructidor, an quatre, au sujet de l'amnistie et sans signature ; en troisième lieu, le troisième numéro des Actes des Apôtres et des Martyrs, par Barruelle Beauvert ; et enfin une

A 4

brochure intitulée : *Eloge historique et funèbre de Louis sei-*
zieme du nom, Roi de France et de Navarre ; à Neufchâtel,
de l'Imprimerie royale, mil sept cent quatre - vingt-seize,
sans signature, et terminée par le testament de Louis Seize,
signé LOUIS.

D. Reconnoissez-vous les diverses pièces dont nous venons de
faire le détail pour être les seules qui ont été renfermées en votre
présence dans le paquet que nous venons de vous représenter ?

R. Oui, citoyens, je reconnois toutes ces pièces pour celles
renfermées dans le paquet que je viens de reconnoître.

D. Connoissez - vous le rédacteur du cahier des observations
faisant partie de ces pièces ?

R. Oui, citoyens ; c'est le citoyen Renaud, ancien avocat,
demeurant alors rue de la Chaussée des Minimes. J'ignore sa demeure actuelle ; mais je le crois domicilié dans les environs de
l'ancienne Monnoie.

D. De quelle nature sont vos liaisons avec les citoyens Brotier
et Dunan ? les voyez-vous habituellement ?

R. Je connois le citoyen Brotier depuis dix mois ; quant au
citoyen Dunan, je ne le connois que depuis quatre mois, et c'est
chez le citoyen Brotier que je l'ai vu.

D. Le citoyen Brotier vous a-t-il fait des ouvertures qui se
rapprochent de votre projet ?

R. Il m'a communiqué ses idées, qui se rapprochent des
miennes.

D. Ce citoyen vous a-t-il communiqué une pièce numérotée
trois, commençant par ces mots : *La seconde partie du compte*
que vous annoncez, et finissant par ceux - ci : *Le duc de la*
Vauguyon. Blamkenbourg, le vingt-quatre novembre mil sept
cent quatre-vingt-seize, au pied de laquelle sont ces expressions :
J'approuve le contenu de cette instruction que M. le che-
valier Duvernet transmettra à ses collègues. A Blamken-
bourg, ce vingt-quatre novembre mil sept cent quatre-vingt-
seize. Signé, *Louis ?*

R. J'ai eu connoissance de cette pièce qui a été lue chez le
citoyen Malo par extrait.

D. Le citoyen Brotier vous a-t-il aussi communiqué une pièce
numérotée quatre, commençant par ces mots : *Le roi donne*
pouvoir aux sieurs Brotier et de Presle, et finissant par ceux-
ci, *Et de notre règne le premier.* Signé, *Louis.*

R. Cette pièce a été lue hier en ma présence chez le citoyen
Malo.

D. Connoissez-vous l'écriture de cette pièce ?

R. Je reconnois cette pièce pour être d'une écriture semblable
à celle que j'ai vue anciennement, et que l'on m'a dit être du

comte de Provence ; mais la signature est différente : celle-ci est plus alongée, l'autre étoit pareille au corps d'écriture et portoit les trois noms LOUIS-STANISLAS-XAVIER.

D. Le citoyen Brotier vous a-t-il communiqué une lettre numérotée cinq, datée de Véronne, du vingt-cinq février mil sept cent quatre-vingt-seize, commençant par ces mots : *Je suis fort aise, messieurs*, et terminant par ceux-ci : *Tous mes autres sentimens pour vous ;* adressée à MM. l'abbé Brotier et Duverne de Presle. *Signé*, LOUIS.

R. Il en a été lu hier chez le citoyen Malo, depuis le mot *j'autorise* jusqu'au mot *commandement.*

D. Connoissez-vous le comte de Rochecot ?

R. Je le connois pour avoir été chef d'une armée insurgée.

D. Comment pouvez-vous insister à prétendre que vous n'avez fait que jeter des idées au hasard pour substituer au gouvernement actuel, s'il venoit à être renversé par une ou plusieurs factions, un meilleur ordre de choses, lorsqu'il résulte, au contraire, des pièces dont nous venons de vous faire la représentation, que votre projet étoit organisé de manière à rétablir la royauté en France, à placer sur le trône le ci-devant comte de Provence, connu en dernier lieu sous le nom de *Monsieur*, et que vous avouez avoir eu une connoissance particulière des pièces signées de lui, contenant les ordres qu'il a donnés et les mesures qu'il a arrêtées pour faire mettre ce plan à exécution dans le plus court délai ?

R. Le développement des masses que j'avois jetées sur le papier, ne pouvant s'opérer que dans le cas de la destruction du gouvernement actuel, j'ai dû desirer, comme le citoyen Malo l'a desiré lui-même, savoir s'il y avoit des pouvoirs de celui que les royalistes appellent *Louis XVIII*, parce qu'alors j'aurois regardé comme un devoir sacré de me dévouer pour faire triompher ses droits légitimes, de préférence aux prétentions de tout usurpateur, quel qu'il pût être. La connoissance qui a été donnée chez le citoyen Malo de ces pièces, lève toute espèce de doute à cet égard.

D. Avez-vous connoissance que le citoyen Brotier ait été lié avec le citoyen Malo, avant votre entrevue commune chez ce dernier ?

R. Je n'ai aucune connoissance que le citoyen Brotier ait vu le citoyen Malo avant notre première entrevue : mais je sais que le citoyen Duman avoit eu une entrevue avec le citoyen Malo, la surveille de notre arrestation ; et c'est par lui que j'ai su que le citoyen Malo desiroit notre réunion chez lui.

D. Il paroît bien étrange que si vous n'avez jamais vu que deux fois le citoyen Malo, dont une chez lui, vous ayez pu vous déterminer à lui confier un plan aussi vaste, et dont les ramifications paroissent si étendues ?

R. Je ne crois pas devoir entrer dans aucune explication à cet égard, et me réfère aux réponses que je vous ai faites.

Lecture faite audit citoyen Berthelot de la Villeurnoy de son interrogatoire et de ses réponses des autres parts, il a dit que ses réponses contiennent vérité, qu'il y persiste, et a signé. Ainsi *signé*, de la Villeurnoy.

Pour copie conforme : les administrateurs du bureau central, *signé*, Limodin.

Pour copie conforme : le ministre de la police générale,
signé Cochon.

Pour copie conforme : le secrétaire-général du directoire exécutif, *signé*, Lagarde.

PREMIÈRE PROCLAMATION.

Copie.

La Providence, toujours impénétrable dans ses décrets, a permis, pour l'instruction des rois et la punition des peuples, que le royaume de France fût bouleversé par des factieux ; que son culte, ses loix, son gouvernement, fussent anéantis ; que son clergé, sa noblesse, ses magistrats, ses meilleurs habitans, fussent persécutés, expatriés ou massacrés ; qu'enfin, notre très-honoré seigneur et frère, et une partie de son auguste famille, fussent victimes de la tyrannie qui remplaçoit le gouvernement légitime.

Cette même Providence a daigné jetter un regard de commisération sur un empire successivement augmenté pendant quatorze siècles de prospérité, gouverné par une maison qu'une descendance de huit cents ans rendoit assez illustre pour lui faire espérer un meilleur sort, eu égard sur-tout aux nombreux bienfaits qu'elle s'est plue, dans tous les temps, à verser sur les Français. Leurs yeux se sont ouverts, leurs cœurs se sont attendris : ils sont revenus au sentiment d'amour pour leurs légitimes souverains, sentiment qui les distinguoit parmi toutes les autres nations ; ils ont rassemblé les débris dispersés de notre trône ; et reconnoissant nos droits aussi sacrés qu'imprescriptibles à la couronne héréditaire dans notre maison, ils nous l'ont rendue, et par esprit de justice, et sans doute dans la persuasion que nous ne la laisserons ni vaciller, ni flétrir sur notre front. Nous en prenons l'engagement solemnel, en présence du Très-Haut, qui seul dispose des empires et du cœur des sujets. Plus cette couronne fut souillée par les mains impures et sacriléges qui osèrent la briser, plus nous nous efforcerons de lui rendre son éclat et sa dignité, persuadés que les Français, sur qui l'un et l'autre rejailliront,

seconderont nos efforts, et, par un redoublement d'amour autant que de dévouement et de fidélité, effaceront la tache que la
fureur révolutionnaire a imprimée à ce nom qu'ils avoient
porté jussques-là avec un légitime orgueil.

De notre côté, mettant en oubli l'égarement d'un peuple
entraîné par le torrent des factions, séduit et trompé par des
ambitieux qui ont osé porter leurs attentats jusqu'à la Divinité,
n'écoutant que l'affection qui nous a été transmise par nos an-
cêtres pour des sujets toujours dignes de ce sentiment, quand
ils sont rendus à eux-mêmes, loin de signaler notre avènement
par l'appareil de la vengeance en monarque irrité, nous ne
voulons leur montrer que le père tendre et indulgent qui,
satisfait du repentir de ses enfans, impose silence à sa justice
pour répandre sur eux tous les trésors de sa clémence.

Oui, Français, nous vous pardonnons avec autant de plaisir
que vos tyrans en éprouvoient à vous immoler. Que ce soit ici
le dernier souvenir qui nous reste d'eux! Abandonnons-les à la
main invisible et toute puissante qui a déconcerté leurs hor-
ribles projets, et qui a déjà déchaîné contre eux les fléaux de
sa vengeance. La justice du Dieu vivant ne ressemble pas à
celle des hommes. Abandonnons-lui les coupables; seul il peut
lire dans leurs cœurs, proportionner les peines aux délits, apprécier le repentir et punir l'endurcissement.

Signé DE LA VILLEURNOY.

A côté sont les lettres P. B.
Pour copie conforme :
Les administrateurs du bureau central,

Signé LIMODIN.

Pour copie conforme :
Le secrétaire-général du directoire exécutif.

Signé LAGARDE.

Pièces trouvées sur les prévenus, et décrites au procès-verbal coté A.

N°. Ier.

PLAN D'INSTRUCTION.

1. Poser des corps-de-garde de gens sûrs à toutes les barrières, même aux brèches des murs de la clôture de Paris; ne
laisser entrer que les approvisionnemens et les fidèles attendus,
lesquels seront en état de répondre à un mot d'ordre convenu
et tenu secret autant que possible; ne laisser sortir personne
dans les premières vingt-quatre heures, excepté les porteurs
d'ordres expédiés par les dépositaires de l'autorité royale.

2. S'emparer au même instant des Invalides, de l'Ecole-Militaire, de l'Arsenal, de la Monnoie, de la Trésorerie, de toutes les caisses publiques, des Tuileries, de tous les magasins qui sont aux Feuillans, du Palais-Royal, du Temple, des postes aux lettres et aux chevaux, des messageries et voitures publiques, des télégraphes, tant de Paris que de Montmartre, et autres, s'il y en a; du Luxembourg et des maisons des ministres.

3. S'assurer du cours de la rivière, tant au-dessus qu'au-dessous de Paris.

4. Meudon est un poste très important à occuper sans délai. On sait qu'il ne s'y trouve plus d'artillerie, tout ayant été transporté à la Fère; mais c'est le dépôt des munitions des pièces qui sont à Paris. De plus, il y existe trois cents chevaux, des caissons, des effets, etc. Trois cents hommes fournis par Sèvre, Versailles, Saint-Germain ou Paris, suffiront pour prendre Meudon et tout ce qui s'y trouvera.

5. S'emparer des magasins à poudre d'Essonne, comme des moulins à farines de Corbeil.

6. Le village de Vincennes est fort bon; on peut compter sur ses habitans : il faudroit s'emparer du donjon, qui serviroit ou pour y renfermer des prisonniers intéressans, ou de retraite momentanée, en cas de besoin.

7. Le Temple étant une enceinte isolée, facile à défendre, ne seroit-il pas convenable de le choisir pour le quartier-général et pour la résidence des représentans du roi?

8. Intercepter tous les ponts.

9. Contenir le fauxbourg Saint-Antoine et le fauxbourg Saint-Marceau par tous les moyens militaires.

10. Une batterie seroit très-utile à Montmartre; en contenant Paris, elle éclaireroit et assureroit les routes du Nord.

11. S'il échappe un des Directeurs, et que la promesse de l'amnistie ne le ramène pas, mettre sa tête à prix, et déclarer, par une proclamation, traître au roi et à la patrie quiconque le recelera.

12. Par une autre proclamation, il seroit bon de consigner les membres des deux Conseils à la garde des propriétaires, principaux locataires et portiers de leurs domiciles, jusqu'à nouvel ordre. Cette mesure pourra être éludée, mais elle aidera les gens de bonne volonté. Le grand point est d'empêcher la réunion de ces membres, et de leur inspirer de la terreur.

13. S'assurer de chaque municipalité, des principaux jacobins et terroristes; employer à cela les gens honnêtes et vigoureux dont on aura préalablement fait dresser les listes, et desquels on aura tiré une promesse éventuelle à cet effet.

14. Rétablir la jurisdiction prévôtale et les anciens supplices.

15. Ordonner aux administrations municipales de surveiller exactement les agitateurs, et, aux premiers propos incendiaires, provocations ou actes de violence, les faire arrêter et les faire juger prévôtalement, procès-verbal préalablement dressé par le commissaire de police du lieu du délit.

16. Brûler sur-le-champ les presses des journaux jacobins, tels que le *Père Duchesne*, le *Journal des Hommes libres*, celui du *Bon - homme Richard*, la *Sentinelle*, l'*Ami des Loix*, le *Rédacteur*, le *journal des Défenseurs de la Patrie*, l'*Ami du Peuple*, etc., et arrêter leurs auteurs.

17. Pour faire place dans les prisons, y envoyer un magistrat probe et actif, qui vérifieroit tous les écrous, et mettroit en liberté tous ceux qui ne seroient pas détenus pour crimes. On lui donneroit le titre de commissaire général des prisons; il seroit autorisé à changer les concierges et geoliers qui seroient soupçonnés de jacobinisme, et leur prescriroit à tous la plus exacte surveillance.

18. (Rétablir les anciens supplices, et brûler publiquement les guillotines). (1)

18. En veillant à la sûreté des prisons, il faudra sur-tout s'occuper de Bicêtre. Les habitans de Paris auront un intérêt pressant à contenir efficacement les assassins, les voleurs et les terroristes : il sera du plus grand intérêt de ne laisser communiquer personne avec eux.

Aussi-tôt qu'il sera possible, il faudra faire partir les chaînes bien escortées, pour meubler les chiourmes des ports, qui doivent avoir grand besoin d'ouvriers de ce genre, trop entassés à Paris.

19. Proclamer une amniste générale au nom du roi; annoncer la paix comme prochaine.

20. Proclamer également que tous les tribunaux d'administration et de justice, juges-de-paix, officiers et commissaires de police, sont provisoirement conservés en place, jusqu'à ce qu'il plaise au roi d'en ordonner autrement. Ordre à eux de continuer leurs fonctions dans les formes actuelles, mais au nom du roi.

21. Faire une proclamation honorable pour les armées, en même temps qu'amicale pour les puissances étrangères.

N°. I V. *bis.*

Faire garder avec honneur, mais avec vigilance, les ambassadeurs et envoyés étrangers jusqu'au retour du courier que cha-

---

(1) Ces mots sont effacés sur la minute.

cun d'eux sera prié d'envoyer à sa cour. (Inviter tous les sujets fidèles à faire passer aux agens du roi leurs notes. (1)

Signé DE LA VILLEURNOY, et paraphé du commissaire de la police: Becquet, *ne varietur.*

Pour copie conforme :

Signé LIMODIN.

Pour copie conforme :
Le ministre de la police générale de la République,
Signé COCHON.

Pour copie conforme :
Le secrétaire général du directoire exécutif,
Signé LAGARDE.

N°. I I.

15. Ordonner à tous les fournisseurs et agens de continuer le service , chacun dans sa partie , sous peine d'être responsables de ce qui seroit en souffrance.

. 16. Faire circuler dans les rues de nombreuses patrouilles et ordonner l'ouverture des boutiques.

17. Avoir un approvisionnement de grenades pour dissiper les attroupemens : c'est le moyen le plus efficace et le plus prompt

18. Ordonner d'illuminer tous les premiers étages pendant une ou deux nuits , veiller au moins à ce que les lanternes soient garnies de bonne huile et en suffisante quantité pour aller jusqu'au jour.

19. Nommer un chef à la gendarmerie , laquelle reprendra sur-le-champ le nom de maréchaussée , et fera son service dans l'intérieur de Paris, le jour et la nuit : il seroit convenable d'adjoindre à chaque brigade un officier sûr , pour la mieux contenir dans les premiers jours.

20. Tenir prêtes les proclamations à envoyer aux provinces, aussi-tôt que le roi aura été proclamé dans Paris : dans toutes, annoncer le père tendre qui est rappelé par ses enfans qu'il aime et auxquels il accorde un pardon sincère.

21. Annoncer et déployer réellement une grande sévérité contre tout royaliste qui se livreroit à quelque vengeance personnelle , dans un moment où l'indulgence proclamée au nom du roi deviendroit un devoir sacré et devroit être une jouissance véritable pour chacun de ces sujets.

22. Envoyer des commissaires dans les campagnes à vingt lieues de rayon. Il n'est pas nécessaire qu'ils partent tous de

---

(1) Ces mots sont effacés sur la minute.

Paris, Ils auront ordre d'annoncer que tous les approvisionnemens de vivres qui seront requis au nom du roi seront fidèlement payés sur la représentation des *bons* qu'ils seront autorisés, par leurs instructions, à délivrer, à signer, et dont ils tiendront un contrôle exact.

23. Donner sur-le-champ à M. de Vauvilliers la commission de directeur-général des approvisionnemens de Paris, avec pleins pouvoirs pour cette partie que personne ne connoit et ne peut mieux administrer que lui. — Dans ses attributions, indépendamment des farines, il faudroit comprendre la partie des bestiaux ; et par une raison tirée de l'importance de cette branche du service, il faudroit peut-être avoir soin que l'explosion ne se fît pas d'un jour de marché de Poissy et de Sceaux. Il sera bon de donner ordre aux barrières, le jour du retour à l'ordre, de laisser entrer les fournisseurs en leur promettant de les laisser sortir librement, ce qu'on ne fera qu'après le succès : sans cette dernière précaution beaucoup, de gens se déguiseroient pour s'esquiver. On pourra seulement laisser sortir les femmes et les paysans bien reconnus pour tels : ils sont aisés à distinguer, surtout aux mains.

24. Réunir tous les anciens agens de la police qui se sont tenus éloignés, et les charger de remonter cette partie si essentielle de l'ordre public ; on leur joindroit ce qu'il y auroit de moins mauvais dans l'établissement actuel. L'ancien *Puissant* des bureaux de M. de Sartine est trop vieux, s'il vit encore ; mais il avoit un frère nommé Deslandes, qui étoit moins âgé, et qui pourroit être fort utile.

25. Abolir sur-le-champ les décades et le comput républicain, ainsi que toutes les dénominations qui tiennent à la république, etc.

26. Charger M. de Bar de proposer son plan pour remonter à Paris une forte garde, tant à pied qu'à cheval, avec toute l'économie compatible à l'importance de cette partie, pour laquelle personne n'est plus capable que lui puisqu'il réunit une ancienne expérience à de vrais talens.

27. Ordonner à tous les ci-devant intendans de se rendre chacun dans la généralité qui lui étoit précédemment confiée, et nommer d'autres magistrats pour se transporter dans les provinces dont les intendans n'existeront plus. Ces administrateurs, tant les anciens que les nouveaux, auroient le titre de préfets royaux.

28. Ordonner à M. de la Millière de reprendre sur-le-champ la direction générale des ponts et chaussées : c'est un magistrat également intègre, actif, sévère, économe et instruit. Cette partie importante ne peut être en de meilleures mains.

29. Rappeller et remettre en fonctions ceux des magistrats du

conseil qui étoient précédemment connus sous la dénomination d'intendans du commerce; on les désigneroit sous celle de préfets royaux du commerce et des manufactures.

Tous les pouvoirs ainsi confiés aux différens agens du gouvernement seroient formellement annoncés n'être que provisoires et jusqu'à l'arrivée de sa majesté; mais on ne peut se dissimuler que plus l'on prouvera, dès le premier moment, avoir envisagé les détails comme l'ensemble de l'administration, plus on inspirera de confiance, et plus aussi on pourra se flatter de trouver de secours dans la bonne volonté des gens honnêtes.

Être sur-tout avare du sang des Français; ne pas oublier que l'on n'a le droit, dans un gouvernement quelconque, de faire mourir que pour l'exemple, et qu'il ne faut condamner pour l'exemple que ceux qu'on ne peut conserver sans danger.

Signé, de la Villeurnoy.

Pour copie conforme : les administrateurs, *signé* Limodin.

Certifié conforme : le ministre de la police générale.

Signé, Cochon.

Pour copie conforme : le secrétaire-général du directoire exécutif. *Signé* Lagarde.

www.ingramcontent.com/pod-product-compliance
Lightning Source LLC
LaVergne TN
LVHW010109060726
842524LV00006B/2413